Проект «Органы»
The Organ Project

Книга-раскраска с вводной информацией об органах человеческого тела и их слаженной работе (Возраст: от 3-х лет)

A coloring book and basic introduction to organs of the Human Body and how they work as an Orchestra. (Ages 3+ years and up.)

Рене Грейс
Renee Grace

AuthorHouse™
1663 Liberty Drive
Bloomington, IN 47403
www.authorhouse.com
Phone: 1 (800) 839-8640

Published by AuthorHouse 11/06/2018

ISBN: 978-1-5462-6228-2 (sc)
ISBN: 978-1-5462-6229-9 (e)

authorHOUSE®

Выражение признательности:
Acknowledgements:

компании «Executive Russian Translators» за перевод проекта; доктору Павлу Гершовитцу за поддержку и вдохновение, приведшие к переводу этого проекта;

Leila Konurbaeva and Roman Isakov; help to preview and edit translation.
Pavel Gershkovich, Salt Chalet, Scottsdale, Arizona; encouragement in this translation.
Mr. Jack Gelman and Dr. Alexander Tarashansky; assistance editing and previewing book.
Ms. Tatiana Ilina; assistance editing and translation of book.

Страница посвящения:
Dedication:

Посвящение: эта книга посвящается всем детям мира как благословение, несущее здоровье, честь, жизнь и знание с тем, чтобы вы берегли свои тела, считая их самым ценным, самым прекрасным, ни с чем ни сравнимым даром.

Вы – произведение искусства, дарованное Богом,
о котором вы должны заботиться.

Первое послание к Коринфянам, глава 6, стихи 19-20: «Не знаете ли, что тела ваши - суть храма, живущего в вас Святого Духа, Которого имеете вы от Бога, и вы не свои? Ибо вы куплены дорогою ценою. Посему прославляйте Бога и в телах ваших».

Подарено _____ от _____ дата: _____

Dedication: this book is dedicated to all the children of the world as a blessing to bring health, honor, life and knowledge to cherish your body as the most valuable, beautiful gift you will ever receive.

You are a work of Art, from God, for you to take care of.

1 Corinthians 6: 19-20: "Do you not know that your bodies are temples of God, who is in you, whom you have received from God?
You are not your own: you were bought at a price.

Therefore, honor God with your bodies."

Presented to _____ from _____ on this date: _____

История Джордана:
Jordans Story:

В 5 лет Джордан пошёл в школу. Он был живым, энергичным, общительным и любопытным ребёнком. Сон не слишком заботил Джордана: после того, как его отправляли спать, он еще долго продолжал играть.

Проснувшись однажды утром, Джордан был так утомлен, что ему были не в радость ни занятия в школе, ни игры и ни общение с друзьями.

Затем наступил день. И когда от усталости и изнеможения, игры с мамой на улице больше не доставляли удовольствия Джордану, ему пришлось присесть и передохнуть.

Его мама Джозефина, будучи медсестрой, поняла, что это не нормально для 5-летнего ребенка, и отвела Джордана к врачу.

У Джордана был диагностирован недостаток сна и проблемы с сердцем от изнеможения.

Тогда Джордан принял твёрдое решение изучить свое тело и понять, как о нем заботиться, чтобы состояние здоровья не мешало ему играть и веселиться с друзьями. В конце концов, где находится сердце? Да и к врачу ходить радости мало. Джордан начал учиться.

Джордан пришёл в библиотеку и начал работу над проектом под названием «Органы».

Джордан нашёл хорошее изображение внутренних органов. Сердце, кости, желудок, кровь и мышцы организованы в разные системы: вместе они работают слаженно и гармонично, как оркестр. Если поздно ложиться спать, то сердце и другие органы не смогут отлично работать на следующий день.

Jordan was 5 years old when starting school as a vibrant, energetic, outgoing, curious child. Sleep was unimportant to Jordan and stayed up playing long after being put to bed.

One morning, upon awakening, Jordan was overcome with tiredness and unable to enjoy school, playtime or friends.

Then, one day while outside playing with mom, Jordan became so exhausted and tired, playing was no longer fun and had to sit down to rest.

Mommy Josephine, being a nurse, knew this was not normal for a 5 year old child and brought Jordan to the doctor.

Jordan was found to have a heart condition from exhaustion; not enough sleep.

Jordan, determined not to let this stop playtime and being with friends, made a strong decision to learn about the body and how to take care of it. After all, where is the heart? In addition, going to the doctor is NO FUN! Jordan started to learn.

Jordan went to the library and started a project named, "The Organ Project".

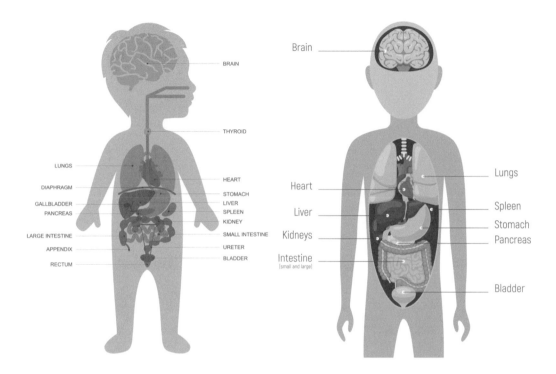

Jordan got a good picture what is inside the body. Heart, bones, stomach, blood and muscles all organized into different systems: they work together in harmony as an orchestra. Staying up late, the heart and other organs would not do A+ work without enough sleep.

Органы: Organs

Органы нашего тела: мозг, сердце, легкие, желудок, толстая кишка, селезенка, поджелудочная железа, печень и желчный пузырь. Для их слаженной работы важно здоровье каждого органа.

Кости защищают внутренности нашего тела: органы, ткани и кровеносные сосуды. Скелет служит опорой нашего тела. Оно покрыто кожей, которая является его самым большим органом.

Когда мы едим, пища подвергается определенному процессу (пищеварению), чтобы производилась энергия, которая помогает работать нашим органам.

Сердце гонит кровь по кровеносной системе. Она разносит по телу кислород и питательные вещества (которые мы получаем с пищей).

Мышцы поддерживают все тело: благодаря им тело может стоять, сидеть, играть, танцевать и бегать. Они прикреплены к костям.

Organs of our body: the brain, heart, lungs, stomach, colon, spleen, pancreas, liver and gall bladder. They depend on each other to work as a symphony.

Bones protect the inside of our bodies; the organs, tissues and blood vessels. It supports and is surrounded by the skin which is the largest organ.

When we eat, food goes through a process (digestion) to use for energy and helps our organs to work.

Blood moves through a system which is pumped from the heart. It brings oxygen and nutrients (that we get through food) through our body.

Muscles support our entire body to be able to stand, sit, play, dance, run and are attached to the bones.

HUMAN ORGANS THIN LINE ICON SET

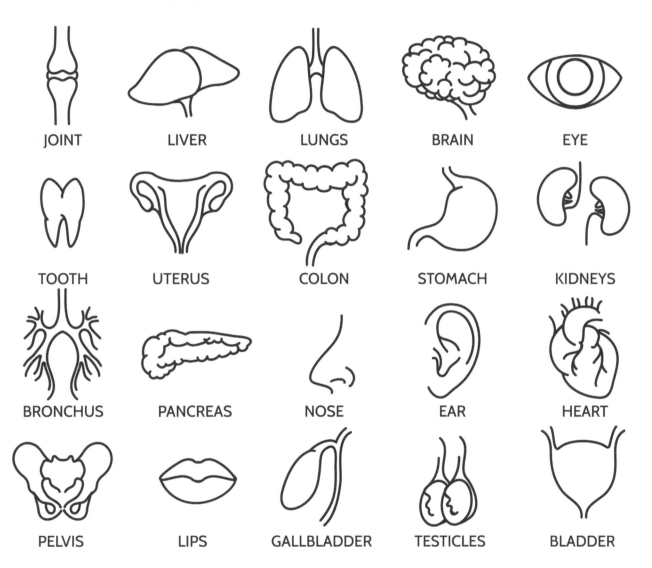

JOINT   LIVER   LUNGS   BRAIN   EYE

TOOTH   UTERUS   COLON   STOMACH   KIDNEYS

BRONCHUS   PANCREAS   NOSE   EAR   HEART

PELVIS   LIPS   GALLBLADDER   TESTICLES   BLADDER

Соедини и назови органы
Match and name the organs

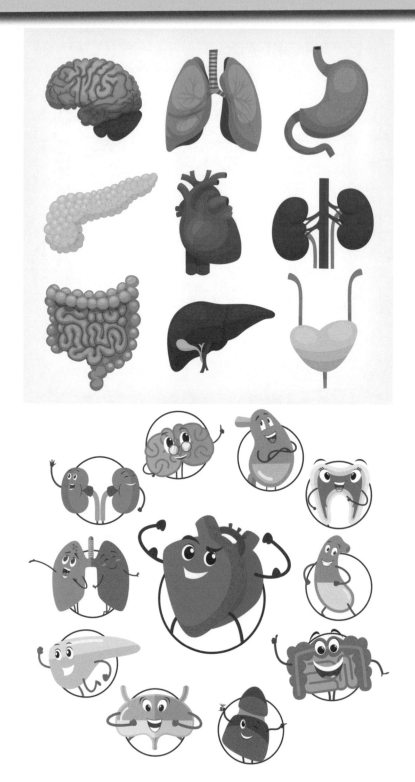

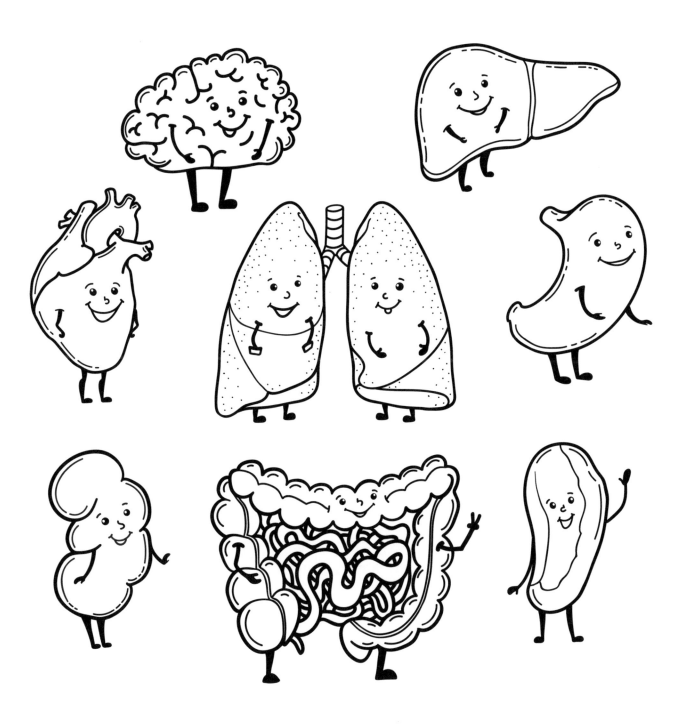

Мозг: Brain

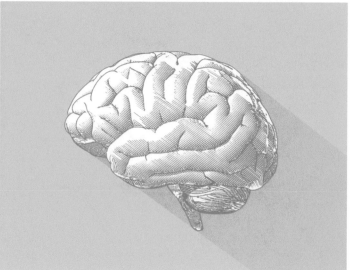

Мы ходим в школу для того, чтобы помочь нашему мозгу учиться. Мозг управляет тем, как мы ходим, говорим, думаем, поем, рисуем и раскрашиваем картинки, и играем.

МОЗГ розовато-бежевого цвета.

Мозг управляет работой нашего тела. Он управляет слаженной работой наших органов, костей, кожи и пищеварением.

Продукты, полезные для мозга: яйца, мясо, орехи и овощи. Самыми полезными являются овощи и фрукты, выращенные на земле, деревьях и кустах.

We go to school to help our brain learn. The brain tells us how to walk, talk, think, sing, draw pictures, color and play.
THE BRAIN is pinkish- beige in color.
Our brain tells our body how to work. It tells our organs, bones, skin, digestion how to work together.
Foods to feed your brain; eggs, salmon, meat, nuts and vegetables. Vegetables and fruit that grow from the ground, trees or bushes are best.

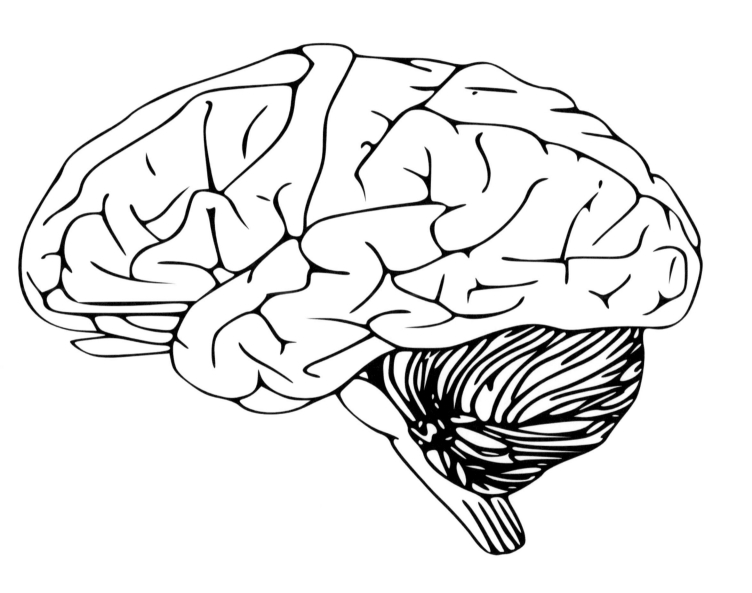

Глаза: Eyes

Твои глаза помогают тебе видеть, читать, смотреть телевизор, видеть опасность.

Глаза у людей бывают разных цветов: голубые, карие, зеленые, серые.

Полезные продукты: овощи темно-зеленого цвета, авокадо, морковь, яйца, ягоды и миндаль.

Your eyes help you to see, read, watch TV, see danger.
People have different color eyes; blue, brown, green, grey.
Foods to eat: dark green vegetables, fish- salmon, avocado, carrots, eggs, berries and almonds.

Легкие: Lungs

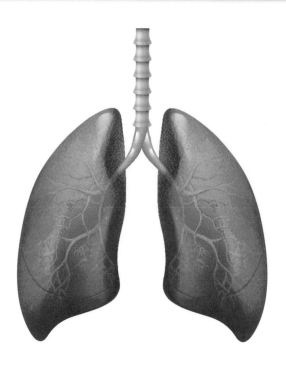

Твои легкие подобны двум губкам, через которые проходит воздух при вдохе и выдохе, что позволяет тебе дышать. Для здоровья легким необходим свежий чистый воздух.

Твои легкие при рождении розоватого цвета, с возрастом они темнеют.

Подвижные игры увеличивают объем воздуха, который входит и выходит через твои легкие.

Кровь насыщается кислородом, проходя через легкие, и движется по всему телу, наполняя его энергией, нужной для игр.

Your lungs are like two sponges when air moves in and out allowing you to breath. Fresh clean air is essential to healthy lungs.
Your lungs are pinkish at birth and darken as we get older.
Playing increases the amount of air that goes in and out of your lungs.
Blood picks up air in your lungs and moves through your blood producing energy to play.

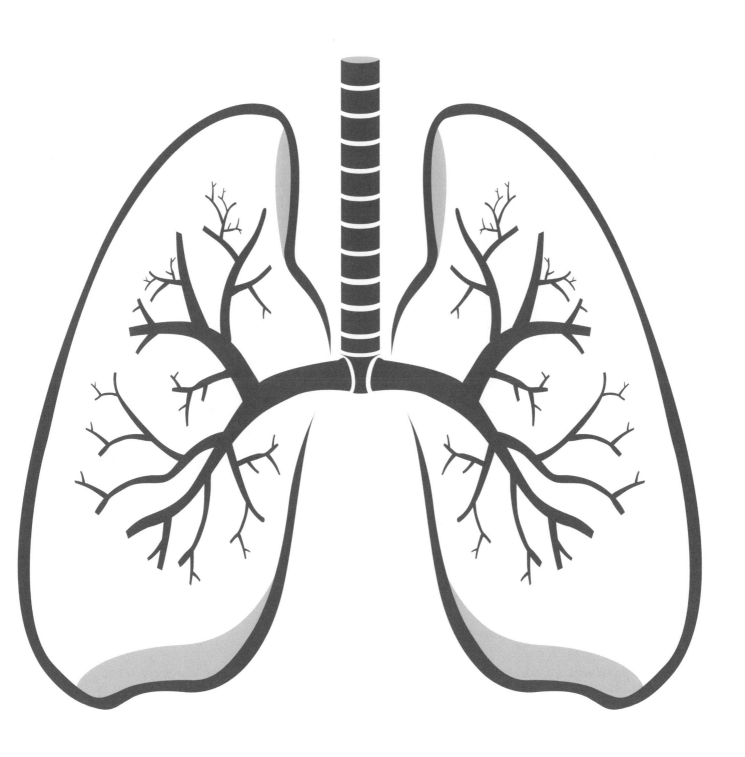

Сердце: Heart

Сердце качает кровь по телу и разносит энергию с помощью воздуха из легких. Сердце укрепляется и качает кровь сильнее во время подвижных игр.

Твое сердце коричневато-красного цвета.

Продукты, полезные для сердца: мясо, рыба, овощи темно-зеленого цвета, ягоды, помидоры, овсянка.

Сердце – один из важнейших органов твоего тела.

The heart pumps blood through your body and brings energy through air from your lungs. The heart pumps harder and gets stronger when playing.
Your heart is a hearty brownish red - red.
Food that is good for your heart. Meat, fish, dark green vegetables, chicken, berries, tomatoes, oatmeal.
Your Heart is one of the most important organs in your body.

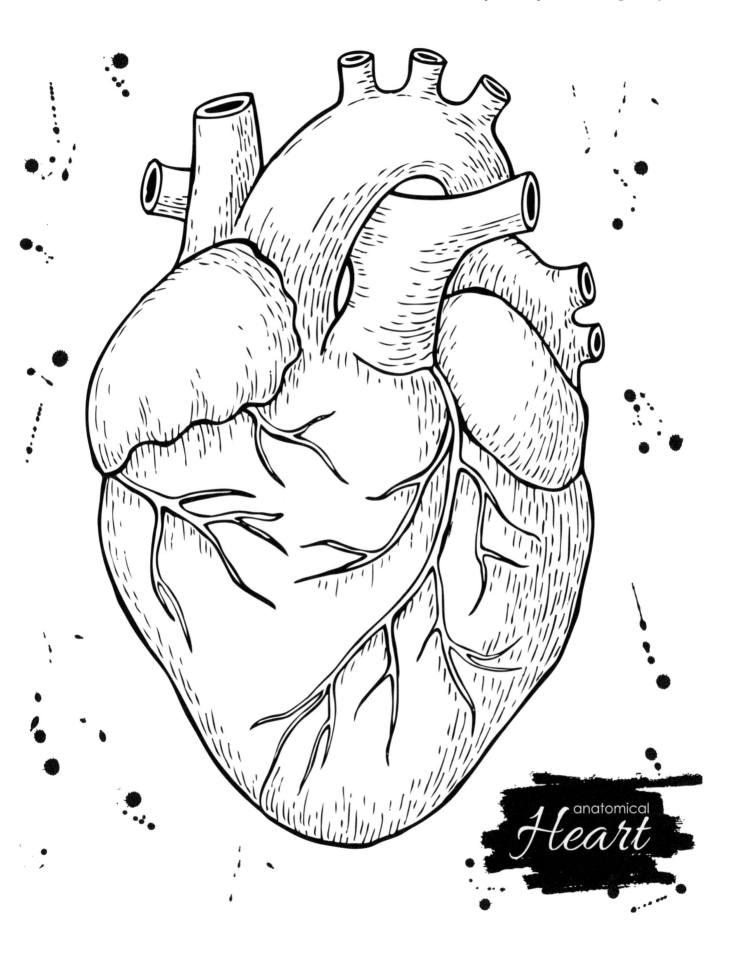

Печень и желчный пузырь:
Liver and Gall Bladder

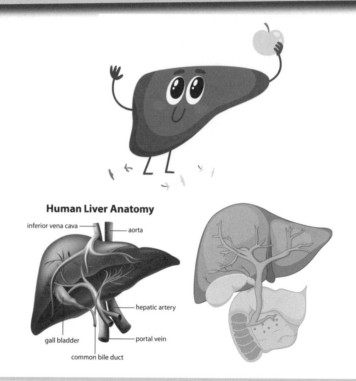

Human Liver Anatomy

inferior vena cava — — aorta

hepatic artery

gall bladder

portal vein

common bile duct

Печень очищает тело от отходов. Важно есть здоровую натуральную пищу. Печень также помогает распределять питательные вещества, которые мы получаем с пищей. Печень коричневато красного цвета. Продукты, полезные для печени: чеснок, свекла, петрушка, овощи темно-зеленого цвета, авокадо, яблоки, лимоны, крупы, орехи и семечки. Желчный пузырь содержит желчь (желто-коричневую жидкость), которую выделяет печень. Желчь, поступающая в кишечник, необходима для переваривания жиров из пищи, которую мы едим. Сам желчный пузырь зеленого цвета.

The liver cleans waste. It is important to eat food that is healthy, natural food. The liver also helps to manage nutrients we get from food. The liver is brownish red in color. Foods for your liver: garlic, beets, parsley, dark green vegetables, avocados, apples, lemons, grains, nuts and seeds. The gall bladder has bile (a yellow brown liquid) made by your liver. The bile is sent to your intestine to digest fats from food we eat. The gall bladder itself is a green color.

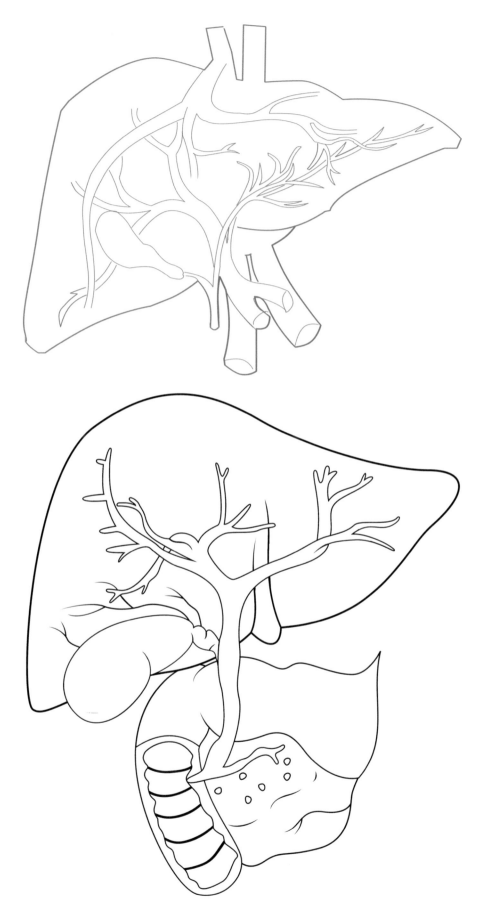

Поджелудочная железа: Pancreas

Поджелудочная железа вырабатывает ферменты и помогает стабилизировать уровень сахара в крови, поддерживая для нее безопасную среду. Она также помогает переваривать пищу.

Поджелудочная железа коричневато-розово-желтоватого цвета.

The Pancreas sends enzymes and helps to stabilize blood sugar and maintain a safe environment for your blood. It also helps in digestion of food.
The pancreas is a tannish - pink - yellowish color.

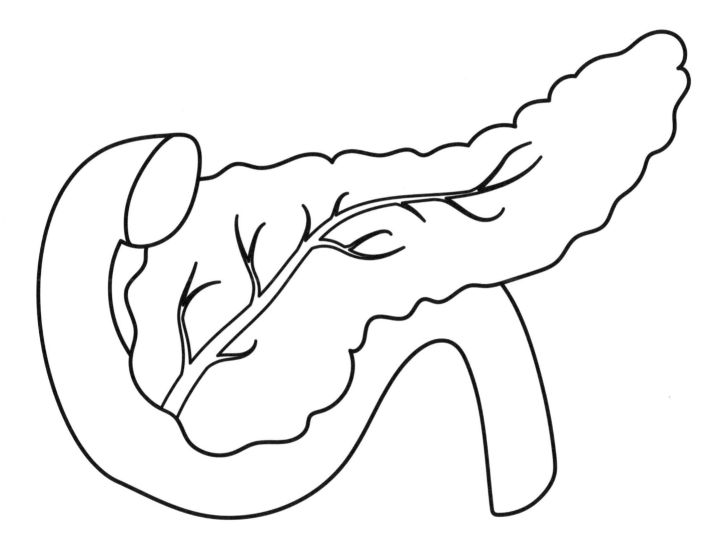

Селезенка и кровяные тельца: Spleen and blood cells

The structure of the spleen

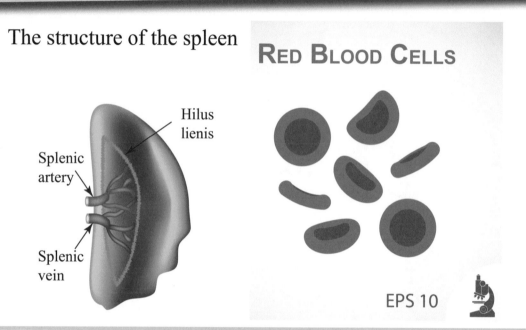

RED BLOOD CELLS

Hilus
lienis

Splenic
artery

Splenic
vein

EPS 10

Селезенка (коричневого цвета) производит кровь. Для выработки кровяных телец важно есть мясо.

Селезенка производит разные виды кровяных телец. Кровь состоит из красных и белых кровяных телец.

Листовые зеленые овощи и такие корнеплоды, как сладкий картофель, очень полезны для твоей селезенки. Морковь, рис, столовая тыква, яблоки, имбирь и чеснок полезны для здоровья крови.

The spleen (brown in color) makes blood. It is important to eat meat to produce blood cells.
There are different kinds of blood cells made by the spleen. Red and white blood cells make up blood.
Leafy greens and root vegetables such as sweet potatoes are extra nourishing for your spleen. Carrots, rice, barley, squash, pumpkin, apples, ginger, garlic are all good for healthy blood.

Erythrocyte

Platelet

Leukocyte

Eosinophil

Basophil

Lymphocyte

Monocyte

Neutrophil

Почки: Kidneys

 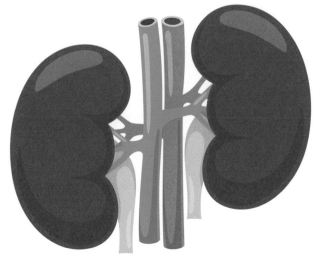

Почки выводят из твоего тела отходы, которые затем поступают в мочевой пузырь. Почки красновато-коричневого цвета.

Когда ты чувствуешь наполненность мочевого пузыря, нужно следовать этому позыву и быстро идти в туалет.

Для поддержания чистоты почек важно каждый день пить чистую воду.

Для почек также полезны клюква.

The kidneys clean waste from your body then goes to your bladder. The kidneys are reddish - browny.
When you feel full (need to go number 1) this means to listen to this urge and go to the bathroom right away.
It is important to drink clean water every day to keep kidneys clean.
Cranberries, and Asparagus are also good for your kidneys.

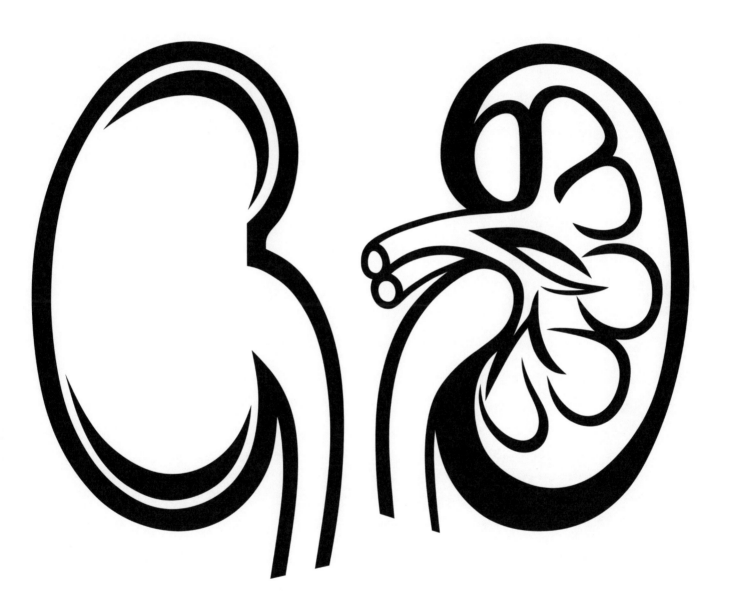

Мочевой пузырь: Bladder

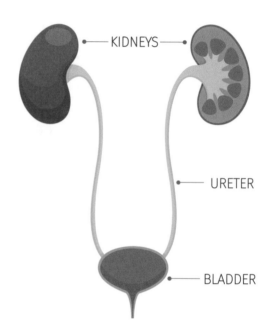

KIDNEYS

URETER

BLADDER

Мочевой пузырь забирает мочу из почек: именно тогда ты чувствуешь позыв пойти в туалет по маленькому.

Мочевой пузырь розоватого цвета.

Продукты, полезные для мочевого пузыря: чистая вода, клюква, лимон и апельсины.

The bladder collects urine from the kidneys: this is when we have to go #1.

The bladder is pinkish in color.

Foods for your bladder; clean water, cranberries, lemon and oranges.

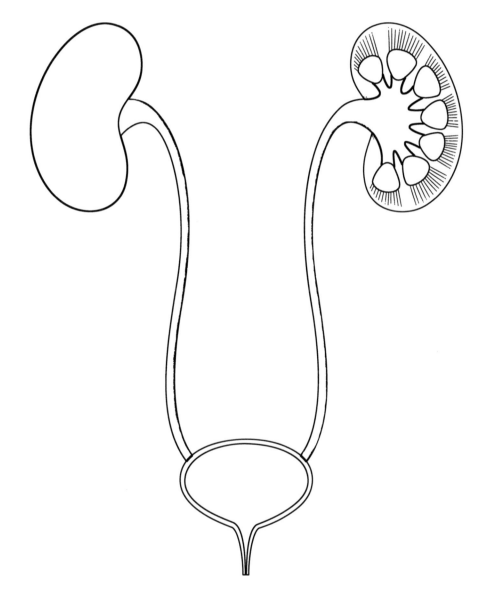

Желудок: Stomach

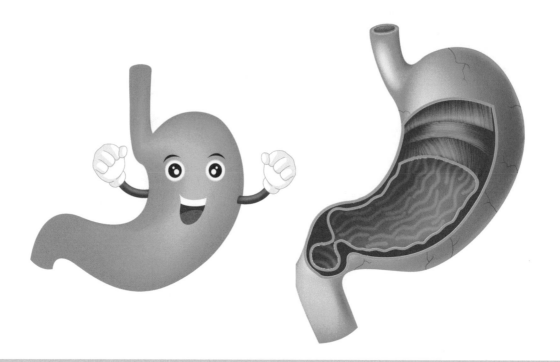

Когда мы едим, пища поступает в желудок. Ферменты перерабатывают пищу в жидкую или густую кашицу, которая затем продвигается по кишечнику.

Желудок коричневато-розовый.

Для желудка полезны продукты, выращенные на земле, фрукты с деревьев, ягоды, хорошо прожаренные или проваренные мясо, рыба и.

Важно есть до комфортного чувства наполненности.

Food goes to your stomach when you eat. Enzymes churn up the food into a thin or thick liquid then moves to your intestine.
The stomach is a tan - light pink.
Foods good for your stomach are anything that comes from the ground, or fruit from trees, berries; meat, fish and chicken that are cooked well.
It is important to eat just until comfortably full.

Не будь обжорой!
Don't be a fat cat!

Кишечник: Intestine

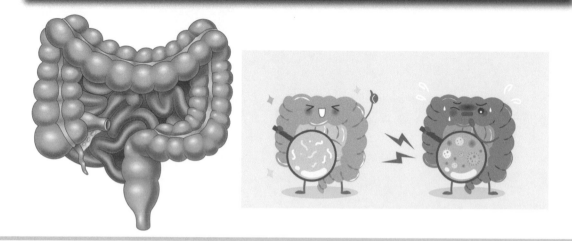

Есть тонкий и толстый кишечник; это длинная трубка, в которой перерабатывается пища из желудка. Здесь всасываются витамины и минералы. Именно здесь также скапливаются отходы из пищи, тогда ты чувствуешь позыв пойти в туалет по большому. Это очень важная, нормальная часть жизни, это необходимая для здоровья функция.

Толстая кишка серовато-фиолетового цвета.

Полезные продукты: овощи, фрукты, крупы, орехи, йогурт.

Яблоки.

В день по яблоку – и врач не нужен.

There is a small and large intestine; it is a long tube that processes food from your stomach when you eat. Vitamins and minerals absorb here. This is also where waste from food passes, then you must go number 2. This is a very important, normal part of life, and keeps you healthy.

The colon is a greyish - purple color.

Foods to eat. Vegetables, fruits, grains, nuts, yogurt.

Apples.

An apple a day keeps the doctor away.

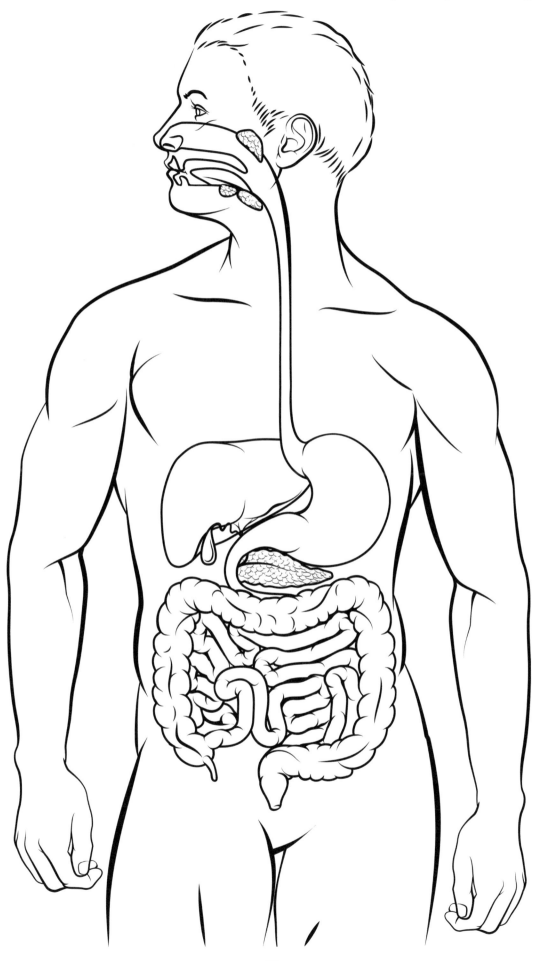

Кожа: Skin

THE LAYERS OF SKIN

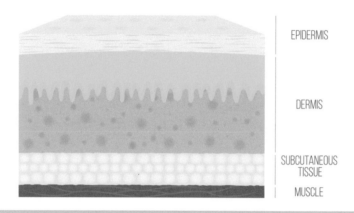

EPIDERMIS

DERMIS

SUBCUTANEOUS
TISSUE

MUSCLE

Джордан узнал, что кожа это крупнейший орган в теле. Важно содержать кожу в чистоте. Кожа не дает проникнуть в твое тело токсинам, отходам, микробам, химикатам и другим вредным веществам. Купание улучшает самочувствие.

Кожа защищает твои кости, внутренние органы и кровеносные сосуды. Она дышит, ей нужна вода и кислород. Твоя кожа дышит!

Кожа у людей может быть разного цвета: коричневая, черная, светло-коричневая, красная, бледная, белая, загорелая.

Полезные продукты: сыр, молоко, масла, яйца.

Jordan learned, the skin is the largest organ of your body. It is important to keep your skin clean. The skin keeps TOXINS, WASTE, GERMS, chemicals and unwanted material from entering your body. Taking a bath, makes you feel better.

Your skin protects your bones, inner organs and blood vessels. It breathes, needs water and oxygen. Your skin breathes!

The skin of people varies in color; brown, black, light brown, red, pale, white, tan.

Foods: cheese, milk, oil, eggs.

THE LAYERS OF SKIN

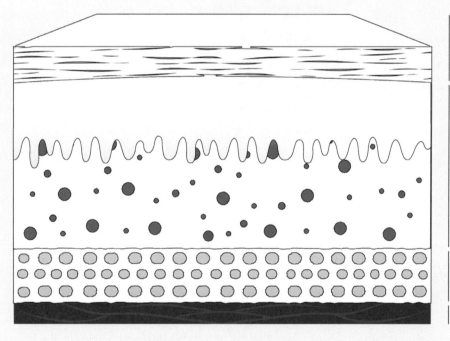

EPIDERMIS

DERMIS

SUBCUTANEOUS
TISSUE

MUSCLE

Системы: Systems

Пищеварительная: Digestive

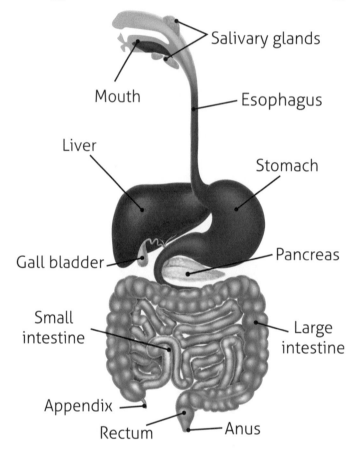

Salivary glands

Mouth

Esophagus

Liver

Stomach

Gall bladder

Pancreas

Small intestine

Large intestine

Appendix

Rectum

Anus

Джордан хотел понять, что происходит, когда мы едим и пьем. Когда мы едим пищу, сначала мы жуем её во рту. Потом проглоченная пища перемещается по пищеводу в желудок.

Из желудка измельченная пища попадает в толстую кишку. В этом процессе участвуют многие другие органы, включая печень, желчный пузырь и поджелудочную железу – происходит дальнейшее измельчение пищи и всасывание витаминов, минералов и питательных веществ, чтобы ты рос сильным и высоким. Все пищеварительные органы работают слаженно, как в оркестре.

Неиспользованная пища продвигается на выход из твоего тела, тогда тебе нужно сходить в туалет по большому. Это нормальная часть повседневной жизни, которая помогает тебе быть здоровым.

Jordan wanted to understand what happens when we eat and drink: When we eat food, it gets chewed up in your mouth. Once swallowed the food travels down your esophagus to the stomach.

From the stomach, food is broken down and makes its way through the colon. During this process, many other organs including the liver, gall bladder, pancreas become involved to further breakdown the food, absorb vitamins, minerals and nutrients to help you grow strong and tall. All the digestive organs work together as an orchestra.

Unused food makes its way to exit your body, then you must go number two. This is a normal part of everyday life and will help you stay healthy.

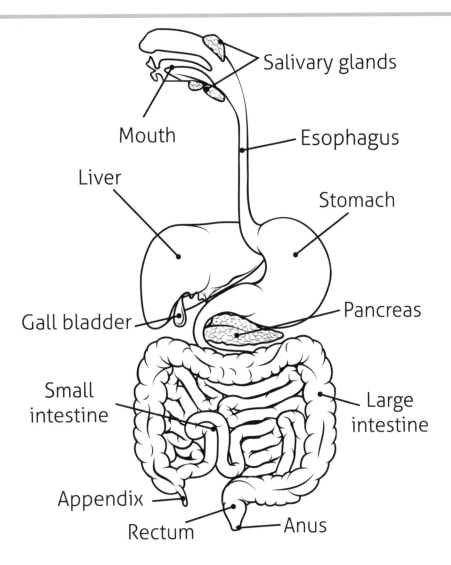

Скелетная: Skeletal

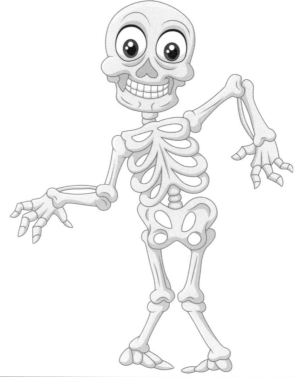

Дальше Джордан узнал о костях и о том, как они защищают тело. Кости образуют скелетную систему, которая защищает внутренние органы твоего тела. Они поддерживают, защищают и позволяют тебе двигаться, танцевать и играть. Кости также помогают производить красные кровяные тельца и накапливают кальций. Кальций – это минерал, который делает твои кости сильными.

Поэтому для здоровья костей важно есть продукты, содержащие кальций. Это овощи темно-зеленого цвета, сыр, молочные продукты, яйца, йогурт, миндаль, рыба (лосось).

Jordan next learned about bones and how they protect our body: The bones are called a skeletal system which protects the inner organs of your body. They support, protect and allows you to move, dance and play. Bones also help produce red blood cells and they store calcium. Calcium is a mineral that keeps your bones strong.

Therefore, calcium rich foods are important to eat to keep your bones in good health. Dark green leafy vegetables, cheese, dairy, eggs, yogurt, almonds, fish (salmon).

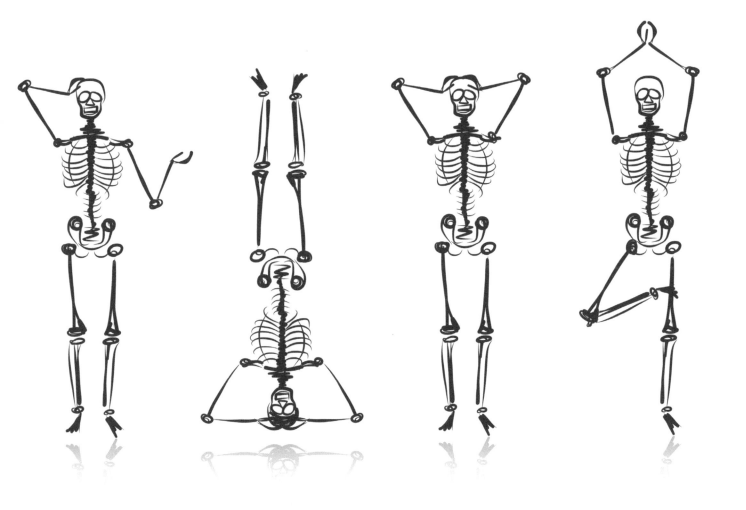

Сердечно-сосудистая: Cardiovascular

Circulatory System for Kids

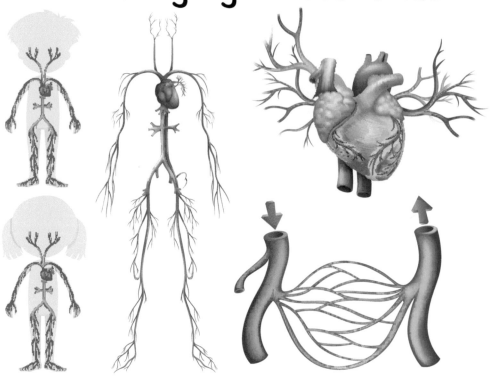

Кровь поддерживает в нас жизнь.

Дальше Джордан узнал о том, как кровь движется по нашему телу. В кроветворении участвуют кости и селезенка. Это жидкость, на которую влияет пища, которую ты ешь, и вода, которую ты пьешь. Чтобы не заболеть, важно есть здоровую пищу. Сердце качает кровь по всему твоему телу. Яйца полезны для укрепления кровеносных сосудов.

Считается, что в среднем за жизнь сердце перекачивает 1,5 миллиона литры крови, что равно примерно 200 вагонам (источник: Чандрахас Хавалдар, 29 января 2015 года, Индия).

Blood keeps us alive.

How blood moves through our body was the next system Jordan learned about. Blood is made in the bones and the spleen. It is a fluid influenced by the food and water you drink. It is important to eat healthy foods to avoid getting sick. The heart pumps blood through your entire body.

Eggs are good to keep blood vessels strong.

It is said, during an average lifetime, the heart will pump about 1.5 million barrels of blood which equivalent to about 200 train cars. (Chandrahas Hawaldar: January 29, 2015, India)

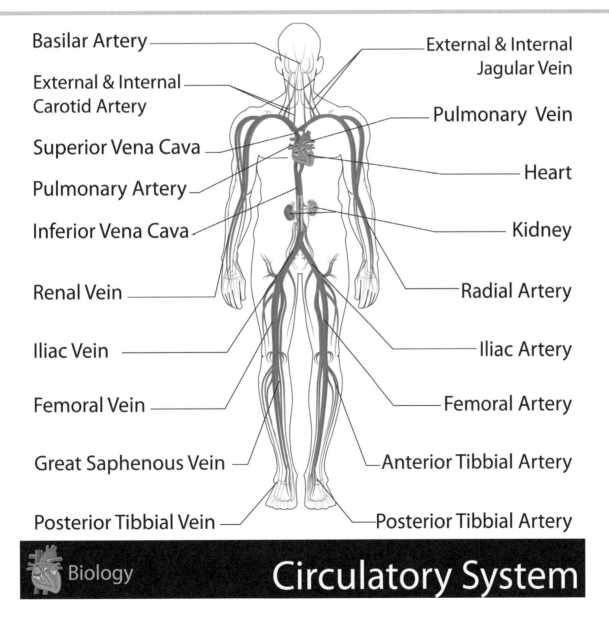

Basilar Artery

External & Internal Carotid Artery

Superior Vena Cava

Pulmonary Artery

Inferior Vena Cava

Renal Vein

Iliac Vein

Femoral Vein

Great Saphenous Vein

Posterior Tibbial Vein

External & Internal Jagular Vein

Pulmonary Vein

Heart

Kidney

Radial Artery

Iliac Artery

Femoral Artery

Anterior Tibbial Artery

Posterior Tibbial Artery

Biology

Circulatory System

Еда для того, чтобы оставаться здоровым и сильным
Foods to Stay Healthy and Strong

Овощи для крепкого здоровья
Vegetables to eat for good health

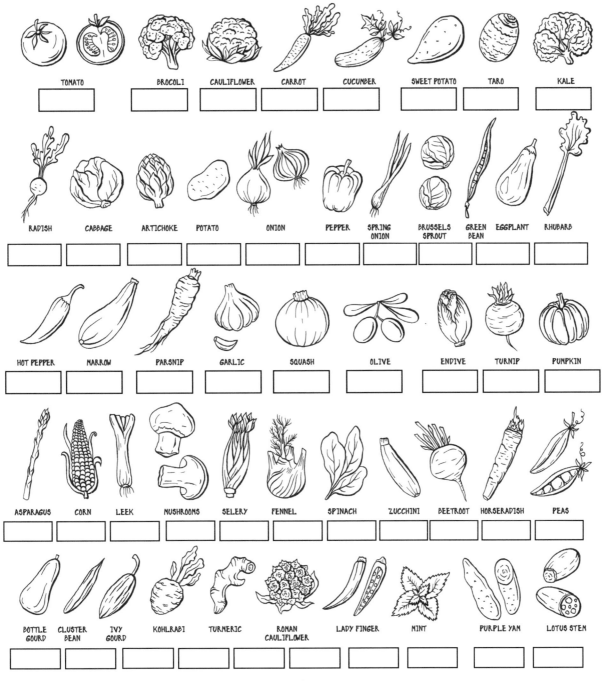

TOMATO · BROCOLI · CAULIFLOWER · CARROT · CUCUMBER · SWEET POTATO · TARO · KALE

RADISH · CABBAGE · ARTICHOKE · POTATO · ONION · PEPPER · SPRING ONION · BRUSSELS SPROUT · GREEN BEAN · EGGPLANT · RHUBARB

HOT PEPPER · MARROW · PARSNIP · GARLIC · SQUASH · OLIVE · ENDIVE · TURNIP · PUMPKIN

ASPARAGUS · CORN · LEEK · MUSHROOMS · SELERY · FENNEL · SPINACH · ZUCCHINI · BEETROOT · HORSERADISH · PEAS

BOTTLE GOURD · CLUSTER BEAN · IVY GOURD · KOHLRABI · TURMERIC · ROMAN CAULIFLOWER · LADY FINGER · MINT · PURPLE YAM · LOTUS STEM

Фрукты для крепкого здоровья
Fruits to eat for good health

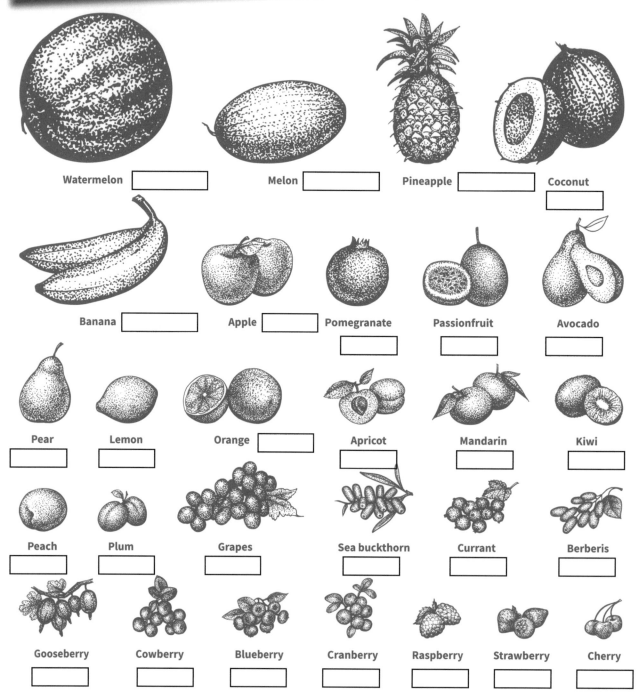

Watermelon ☐   Melon ☐   Pineapple ☐   Coconut ☐

Banana ☐   Apple ☐   Pomegranate ☐   Passionfruit ☐   Avocado ☐

Pear ☐   Lemon ☐   Orange ☐   Apricot ☐   Mandarin ☐   Kiwi ☐

Peach ☐   Plum ☐   Grapes ☐   Sea buckthorn ☐   Currant ☐   Berberis ☐

Gooseberry ☐   Cowberry ☐   Blueberry ☐   Cranberry ☐   Raspberry ☐   Strawberry ☐   Cherry ☐

Мясо, птица и рыба
Meat, Poultry and Fish

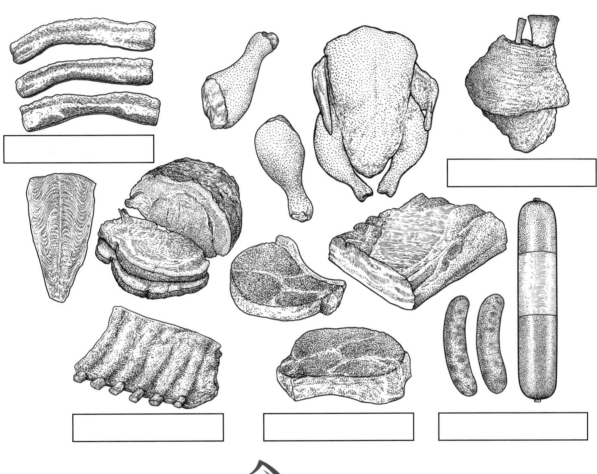

После нескольких месяцев достаточного сна, чтения о теле и потребления здоровой пищи Джордан смог каждый день обыгрывать свою маму, завести новых друзей и прекрасно учиться в школе!

Джордан выздоровел!

After months of getting the sleep needed, reading about the body and eating food needed to be healthier, Jordan could outplay mom every day, made new friends and did excellent in school!

Jordan got better!

В мире живут дети разного цвета: коричневые, темно-коричневые, красные, светло-желтые, белые, загорелые.

У них также разного цвета волосы и глаза, они говорят на разных языках.

Раскрась своих друзей в различные цвета.

Джордан благодарит тебя за чтение этой истории и надеется, что ты и дальше постоянно будешь участвовать в проекте «Органы»! А какой Джордан ты?

Children of the world come in different colors; brown, dark brown, red, yellowish white, white, tan.
They also have different colors of hair, eyes and different languages.
Color your friends in different shades.

Jordan thanks you for reading this story and hopes you will keep the "Organ Project" forever! (Which Jordan are you?)

Printed in the United States
By Bookmasters